1 | Annahof

Parkhaus »Annahof«

Als idealer Ausgangspunkt für den Stadtrundgang durch Augsburg bietet sich der Annahof im Herzen der Stadt an. Der den Platz begrenzende Hollbau entstand zwischen 1613 und 1615 unter der Leitung des Baumeisters Elias Holl. Das schlichte symmetrische Bauwerk beherbergte einst das Gymnasium St. Anna, das 1531 im Zuge der Reformation als erste städtische Lateinschule im aufgelösten Karmelitenkloster gegründet wurde und zu den ältesten Gymnasien Deutschlands zählt. In den 1820er Jahren besuchte Napoleon III., der spätere Präsident und Kaiser Frankreichs, das Annagymnasium. Nach dem Auszug der Schule 1967 beherbergt der Hollbau heute das Evangelische Forum Annahof.

Im Annahof befand sich seit Mitte des 16. Jahrhunderts auch das erste selbständige Bibliotheksgebäude des neuzeitlichen Deutschlands, wovon heute die nachts erleuchteten Buchstaben »BIBLIOTHECA PUBLICA« in der Betonplattform künden. Rechts neben dem sich anschließendem Gebäude führt ein Torbogen zur historisch bedeutenden St. Anna-Kirche.

Elias Holl

1573–1646, Baumeister. In Augsburg als Sohn des Baumeisters Johannes Holl geboren, trat Elias Holl in die Fußstapfen seines Vaters, bei dem er auch in die Lehre ging. Nach einem Aufenthalt in Italien wurde Holl 1602 Stadtwerkmeister von Augsburg. Die von der italienischen Renaissance geprägten Bauten seiner langen Schaffenszeit prägen bis heute die Augsburger Altstadt. Dabei zeugen die Dachkonstruktion des Zeughauses oder die Kanal-Kühlung der Stadtmetzg von seinem technischen Genie. Später wurde Holl aufgrund seines protestantischen Glaubens suspendiert.

Posaunenengel auf der Kanzel

2 | St. Anna

Mai–Okt.: Mo 12–18 Uhr, Di–Sa 10–18 Uhr, So 14–17 Uhr; Nov.–Apr.: Mo 12–17 Uhr, Di–Sa 10–17 Uhr, So 14–16 Uhr

Im Jahre 1321 begann der Bettelorden der Karmeliter, seit 1275 in der Stadt ansässig, mit dem Bau der Klosterkirche. Nach einem Brand teilweise vernichtet, wurde das klösterliche Anwesen samt Gotteshaus Mitte des 15. Jahrhunderts wieder errichtet. In dem Kloster hielt sich im Oktober 1518 Martin Luther auf, der während des Augsburger Reichstages mit dem päpstlichen Kardinal Thomas Cajetan verhandelte. Dem Widerruf seiner auf den 95 Thesen basierenden Lehre nicht zustimmend, flüchtete der Reformator aus Angst vor einer drohenden Verhaftung aus Augsburg. Nur wenige Jahre später setzte sich die **Reformation** in Augsburg durch, Weihnachten 1525 wurde in der Annakirche das erste Abendmahl in »beiderlei Gestalt« zelebriert.

1732 veranstaltete der pietistisch ausgerichtete Pfarrer Samuel Urlsperger in St. Anna einen Festgottesdienst für die aus Salzburg vertriebenen evangelischen Christen und kümmerte sich darüber hinaus um deren Unterbringung, Verpflegung und Auswanderung in die Vereinigten Staaten. In jüngster Zeit gelangte St. Anna zu Bedeutung, als am 31. Oktober 1999 von katholischen und evangelisch-lutherischen Kirchenvertretern die »Gemeinsame Erklärung zur Rechtfertigungslehre« unterzeichnet wurde, eines der wichtigsten Dokumente der ökumenischen Bewegung.

Hinter dem Torbogen befindet sich links der unauffällige Eingang von St. Anna, durch den man zunächst in den vierflügeligen gotischen Kreuzgang des Klosters gelangt, der mit zahlreichen Grabdenkmälern des 15. bis 18. Jahrhunderts bestückt ist. Rechter Hand gewährt das Museum »Lutherstiege« Einlass. Die 2012 neu konzipierte Ausstellung thematisiert den wegweisenden Aufenthalt Luthers in Augsburg, die Epoche der Reformation und damit verbundene Ereignisse wie die Verabschiedung der Confessio Augustana (1530) oder des Augsburger Religionsfriedens (1555). Am Ende des Kreuzganges betritt man den kunsthistorisch wertvollen Innenraum von St. Anna.

Reformation
Auf Augsburger Reichstagen wurden bedeutende Dokumente der reformatorischen Bewegung verabschiedet. 1530 wurde in die Reichsstadt geladen, um nach turbulenten Jahren mit Bildersturm und Bauernkrieg die Einheit der Kirche wiederherzustellen. Doch das von Philipp Melanchthon verfasste, erste offizielle protestantische Glaubensbekenntnis, die sogenannte Confessio Augustana, trug zur anhaltenden Glaubensspaltung bei. Ein Vierteljahrhundert später stand die Stadt erneut im Mittelpunkt des Geschehens, als der Augsburger Religionsfrieden verabschiedet wurde. Durch ihn wurde der protestantische Glauben reichsrechtlich anerkannt, wobei der jeweilige Landesherr die Konfessionszugehörigkeit bestimmte.

Hans (Johann) Jakob Fugger
1516–1575, Kaufherr und Politiker. Nach dem Tod seines Onkels Anton Fugger übernahm Hans nur ungern die Führung des Familienunternehmens. Durch den spanischen Staatsbankrott in Schwierigkeiten geraten, schied der humanistisch Gebildete 1564 aus der Firma aus und ging als Geheimer Rat nach München, wo er später sogar zum Hofkammerpräsidenten aufstieg. Dort verkaufte der »Beförderer der Wissenschaft« seine bedeutende Bibliothek an Herzog Albrecht V., womit er den Grundstein für die heutige Bayerische Staatsbibliothek in München legte.

Rechts befindet sich der nach Osten gerichtete Chor mit einem neogotischen Schnitzaltar sowie den bedeutenden Bildnissen von Martin Luther und »seinem« Kurfürsten Johann Friedrich von Sachsen aus der Werkstatt des Malers Lucas Cranach d. Ä. In der angeschlossenen Goldschmiedekapelle haben sich kostbare gotische Wandfresken erhalten. Im Langhaus, das durch eine Lettnerempore vom Chor abgetrennt ist, zählen die hölzerne Kanzel mit dem vergoldeten Posaunenengel sowie die Empore aus dem ausgehenden 17. Jahrhundert zu den bedeutendsten Ausstattungsstücken. Die barocke Umgestaltung der Kirche mit Stuck und Gemälden datiert aus den Jahren 1747/48. Der preisgekrönte Lutzenberger-Altar von 2014 ist aus rotem Wachs geschaffen und symbolisiert ein liegendes Kreuz.

Als einer der frühesten Renaissance-Bauten nördlich der Alpen gilt die Fuggerkapelle, die sich wie ein Westchor an das Mittelschiff anschließt. Die kostbare Kapelle, an deren Planung auch Albrecht Dürer beteiligt war, entstand 1509–1512. Hinter der Marmorbrüstung mit vollplastisch gearbeiteten Putten thront eine frei stehende Fronleichnamsgruppe, dahinter bilden vier rundbogige Grabdenkmäler der Stifter Georg (gest. 1506), Ulrich (gest. 1510) und Jakob Fugger (gest. 1525), dem die beiden äußeren Epitaphien gewidmet sind, den Wandabschluss. Unter dem reich verzierten Fußboden aus verschiedenem Mamor befindet sich die Gruft mit den sterblichen Überresten der Stifter. Da die einstige Klosterkirche bald nach Errichtung der Kapelle protestantisch wurde, ließen sich in ihr nur noch zwei Mitglieder der katholisch gebliebenen Fuggerfamilie bestatten.

Portal mit Fuggerwappen

3 | Fuggerplatz

Von der Fußgängerzone in der Annastraße aus erblickt man die restaurierte Außenfront der auf drei Seiten eingebauten Kirche. Der Martin-Luther-Platz mit dem Goldschmiedbrunnen von 1912 führt linker Hand zum dreiseitigen Fuggerplatz. In seiner Mitte thront ein überlebensgroßes Bronzedenkmal für Hans Jakob Fugger, das der bayerische König Ludwig I. 1857 stiftete.

Hier am Fuggerplatz, der erst 2009 anlässlich des 550. Geburtstages von Jakob Fugger so benannt wurde, beginnt die Philippine-Welser-Straße, an der sich einst prächtige Bürgerhäuser aneinanderreihten. Ein gotisches Eingangsportal mit zwei Löwen, die das 1473 von Kaiser Friedrich III. verliehene Wappen der **»Fugger von der Lilie«** flankieren, verweist auf ihr hier befindliches Wohnhaus, das auch als Verwaltungs- und Lagergebäude diente. Nach wenigen Schritten zweigt das Mettlochgässchen ab, in dem sich der rekonstruierte Erker der »Goldenen Schreibstube« der Fugger befand.

Linker Hand des Fuggerdenkmals erhebt sich ein im 16. Jahrhundert erbautes Wohnhaus der Kaufmannsfamilie der Welser (Philippine-Welser-Straße 13). Im 18. Jahrhundert erhielt das einst mit Fresken geschmückte Gebäude seine klassizistische Fassadengestaltung. Nach dem Zweiten Weltkrieg wurde das bis auf die Außenmauern zerstörte Welserhaus vollständig rekonstruiert. Im Süden wird der Fuggerplatz durch das imposante Köpfhaus (Fuggerplatz 9) begrenzt. Im 16. Jahrhundert durch den Baumeister Johannes Holl aus mehreren Gebäuden zusammengefasst, wurde der Stadtpalast im Auftrag der Bankiersfamilie von Köpf 1738/39 umgestaltet.

Fugger von der Lilie
Als Sohn des nach Augsburg eingewanderten Webers Hans Fugger begründete Jakob Fugger d. Ä. (1398–1469) eines der berühmtesten Familienunternehmen der Weltgeschichte. Seine Söhne Ulrich, Georg und Jakob führten die Firma weiter und schufen eines der einflussreichsten Handelshäuser in Europa. Während der Familienzweig »Fugger vom Reh«, begründet von Jakobs Bruder Andreas, nie zu größerer Bedeutung gelangte, existiert die ab 1473 als »Fugger von der Lilie« bekannte Linie bis heute mit den Familien Fugger von Babenhausen, Fugger von Glött und Fugger von Kirchberg und zu Weißenhorn.

4 | Maximilianmuseum

Di–So 10–17 Uhr

Neben den zuvor genannten Bürgerhäusern verdient das heutige Maximilianmuseum (Fuggerplatz 1 / Philippine-Welser-Straße 24) besondere Aufmerksamkeit. Das in den Jahren 1543/46 errichtete Renaissance-Gebäude ging 1853 in den Besitz der Stadt über, die darin wenige Jahre später das erste städtische, nach König Maximilian II. benannte Museum eröffnete. Heute beherbergt die Ausstellung die Abteilungen Stadtgeschichte, Kunsthandwerk und Skulptur. Sehenswert sind die »Modellkammer« mit seit der Renaissance gesammelten Entwürfen, die Steinsammlung von alten Inschriften und Gebäudeteilen im »Lapidarium« sowie der »Viermetzhof« mit spektakulärer Glasüberdachung, in dem die originalen Brunnenstatuen der Maximilianstraße präsentiert werden. Das traufseitige Gebäude wird von den beiden Erkern sowie der illusionistischen Architekturbemalung dominiert, die 1979 originalgetreu rekonstruiert wurde. Im rückseitigen, ebenfalls zum Museum gehörenden Anwesen (Annastraße 25) befand sich 1511–1519 das Wohnhaus des **Bartholomäus Welser**.

Bartholomäus Welser d. Ä.
1484–1561, Kaufmann. Bartholomäus Welser führte von 1519 bis 1551 die Welser-Gesellschaft, die im 16. Jahrhundert zu einem der größten deutschen Handels-, Banken- und Reedereiunternehmen aufstieg. Dadurch galten die Welser als stärkste Konkurrenz der Fugger, mit denen sie aber auch gemeinsame Geschäfte, u. a. die erste Ostindienfahrt 1505/06 und die Finanzierung der Kaiserwahl Karls V. 1519, verbanden. Bartholomäus Welser erhielt zwischen 1528 und 1556 die Statthalterschaft für Venezuela. Dort wurde sein Sohn 1546 auf einer Expeditionsreise ermordet.

5 | St. Moritz

Gegenüber dem farbenfrohen Weberhaus erhebt sich eines der ältesten Gotteshäuser der Stadt. St. Moritz gehörte zu einem Kollegiatstift, das 1019 von Bischof Brun, einem Bruder des späteren Kaisers Heinrich II., gestiftet wurde. Der heutige dreischiffige Kirchenbau geht auf das Jahr 1314 zurück, der Ostchor wurde 1443 vollendet. Im frühen 16. Jahrhundert richtete Jakob Fugger die Prädikaturstiftung St. Moritz ein, woraus auch ein besonderes Mäzenatentum resultierte. Der 1714 barockisierte und 1944 bis auf die Außenmauern zerstörte Kirchenraum wurde durch Dominikus Böhm wiederaufgebaut. Die jüngste Neugestaltung erfuhr St. Moritz 2010/13 durch den britischen Designer John Pawson. Mit dem ausgeklügelten Lichtdesign und der Reduktion der Materialvielfalt entstand ein moderner Sakralraum. Besondere Kunstwerke sind die Holzskulpturen von Georg Petel (1601/2–1634) und Ehrgott Bernhard Bendel (um 1660–1738) sowie die Silbermadonna aus dem 15. Jahrhundert.

Die Bebauung nördlich der Kirche St. Moritz geht auf die »Schranne«, eine jahrhundertelang genutzte, offene Getreidehalle zurück, deren Neubau von 1980 heute als Haltestelle und Verkaufsfläche dient.

6 | Maximilianstraße mit Merkurbrunnen

Das platzartige Ensemble zwischen dem Neubau des seit dem 14. Jahrhundert nachweisbaren Weberhauses und der Moritzkirche wird durch den ersten der drei Augsburger Prachtbrunnen bestimmt. Die 1599 vollendete, vom niederländischen Bildhauer Adriaen de Vries modellierte Bronzefigur des Merkur zeigt den Schutzgott der Händler mit seinen typischen Attributen Flügelhelm und Schlangenstab. Die dazugehörigen Flügelschuhe des Götterboten werden von einem knienden Eros – je nach Lesart – gelöst oder zugeschnürt. Außerdem ziert die Brunnenanlage, deren Betrachtung von allen Seiten ihre Wirkung entfaltet, ein zehneckiges Brunnenbecken sowie ein reich profilierter Pfeiler mit wasserspeienden Elementen und zwei barocken Inschriftenkartuschen.

Der Moritzplatz unterbricht an dieser Stelle die Maximilianstraße, die Augsburger Prachtstraße schlechthin. Seit 1806 nach dem ersten bayerischen König Maximilian I. Joseph benannt, widmete man die »Kaisermeile« ab 1957 Kaiser Maximilian I. (1459–1519), wegen seiner vielen Aufenthalte in der Stadt auch als »Bürgermeister von Augsburg« verspottet. Einem Bilderbuch gleich, gewährt sie, verlängert durch den Hohen Weg, auf einer Länge von über einem Kilometer, angefangen von der Kirche St. Ulrich und Afra im Süden bis hin zum Dom im Norden, Einblick in die Geschichte von Augsburg.

Die Ursprünge der Maximilianstraße reichen zurück bis in die Antike. Um Christi Geburt entstand am Zusammenfluss von Lech und Wertach ein römisches Militärlager, das bald um die florierende zivile Siedlung »Augusta Vindelicum« erweitert wurde. Durch diese Stadtgründung, neben Kempten und Trier eine der ältesten in Deutschland, verlief die Staatsstraße »Via Claudia Augusta«, von der die heutige Maximilianstraße ein Teilstück markierte. Ob für kirchliche Prozessionen, königliche Empfänge, militärische Paraden oder die zweimal jährlich stattfindenden Dulten (Jahrmärkte) – seit jeher zählt die früher auch mittig bebaute Maximilianstraße zu den Lebensadern von Augsburg.

Am Merkurbrunnen vorbei setzt sich der Stadtrundgang linker Hand bis zum Rathausplatz fort.

Agnes Bernauer
Um 1410–1435. Der Legende nach lernte Agnes Bernauer, Tochter eines Augsburger Baders, um 1428 den wittelsbachischen Fürsten Albrecht III. während eines Turniers kennen. Angenommen wird, dass sie den Thronfolger noch im gleichen Jahr nach München begleitete und heimlich ehelichte. Um die Erbfolge besorgt, hob Albrechts Vater die nicht standesgemäße Verbindung auf. Er nahm die »Bernauerin« gefangen und ließ sie im Oktober 1435 bei Straubing in der Donau ertränken. Seitdem setzten sich mit der tragischen Liebesgeschichte zahlreiche Künstler auseinander, u.a. die Schriftsteller Hans Sachs und Friedrich Hebbel sowie der Komponist Carl Orff.

CAPITOLLICHTSPIELE
Weißer Hase
IM CAPITOL
Stern

Augustusbrunnen

7 | Rathausplatz

Tourist-Information Mo–Fr 8.30–17.30 Uhr (Nov.–März 9–17 Uhr), Sa 10–17 Uhr, So 10–15 Uhr

Salomon Idler
1610–1670, Schuster und Flugpionier. Der »fliegende Schuster von Augsburg« plante ursprünglich, mit selbstgebauten Flügeln vom Perlachturm herunterzufliegen. Ein Geistlicher überredete ihn, zunächst von einer niedrigeren Höhe aus zu springen. Bei diesem Versuch stürzte er mit seinem Fluggerät auf eine Brücke, die zusammenbrach und vier Hühner unter sich begrub. Nach Idler ist heute eine Straße in Augsburg benannt, außerdem verarbeitete der Autor Peter Dempf sein Leben in dem 2000 erschienenen historischen Roman »Der Teufelsvogel des Salomon Idler«.

Als Gegenstück zur Bischofsstadt entstand an dieser Stelle wohl bereits im 10. Jahrhundert eine bürgerliche Ansiedlung. Allerdings war das Areal im Laufe der Jahrhunderte dichter bebaut als heute. Entscheidend veränderte sich der Platz 1594 durch die Aufstellung des Augustusbrunnens durch Elias Holl, der 1614 auch den »Neuen Bau« (Rathausplatz 8) vollendete. Im Zweiten Weltkrieg fielen die 1828 errichtete Neue Börse sowie fast die gesamte Wohnbebauung der Bombardierung zum Opfer. Daher steht der zweite Augsburger Prachtbrunnen heute freier als bei seiner Fertigstellung im 16. Jahrhundert. Zu Ehren seines legendären Gründers und Namensgebers hatte die Freie Reichsstadt den niederländischen Bildhauer Hubert Gerhard beauftragt, zunächst eine Statue von Kaiser Augustus in Feldherrenrüstung, bekrönt von einem Lorbeerkranz, anzufertigen. Erst später entschied man sich für den umliegenden Brunnen, dessen vier liegende Figuren die Augsburger Wasserläufe Lech und Wertach sowie Brunnenbach und Singold symbolisieren.

8 | Rathaus

Goldener Saal 10–18 Uhr

Das Rathaus gilt als Hauptwerk des Baumeisters Elias Holl und zählt als eines der eindrucksvollsten seiner Art zu den Wahrzeichen der schwäbischen Metropole. Bereits im 13. Jahrhundert erwähnen Urkunden für diese Stelle ein hölzernes »Dinghaus«, dessen gotischer, aus drei Giebelhäusern bestehender Nachfolger einem repräsentativeren Gebäude weichen musste. Unvorstellbar, wie beeindruckend das hohe Rathaus, ausgeführt zwischen 1615 und 1620, inmitten der mittelalterlichen Häuser auf die damalige Bevölkerung gewirkt haben muss. Doch dies war keineswegs unbeabsichtigt, schließlich wollten die Bürger der Freien Reichsstadt ihre Stellung gegenüber dem bischöflichen Domviertel und dem reichsunmittelbaren Kloster St. Ulrich und Afra betonen. Auch wenn die symmetrische Fassade mit den beiden flankierenden Türmen schlicht gehalten ist, so finden sich am Blendgiebel des Mitteltraktes wichtige Insignien des Bürgerstolzes: der aufgemalte Doppeladler, in Anlehnung an den 1617 fertiggestellten und später herabgestürzten Reichsadler, sowie eine den Giebel bekrönende **Zirbelnuss**.

Zirbelnuss
In römischer Zeit galt der Pinienzapfen als Symbol der Unsterblichkeit und bekrönte zahlreiche Pfeilergrabmäler. Besonders in der Frühen Neuzeit kamen Legenden auf, laut denen der Pinienzapfen als Feldzeichen der römischen Legion bzw. als Stadtwappen im römischen Augsburg genutzt wurde. Durch ihre Ähnlichkeit und die größere Bekanntheit ging die Nuss der in den nördlichen Alpen wachsenden Zirbelkiefer anstelle des Pinienzapfens in den allgemeinen Gebrauch über und ist heute als Teil des Stadtwappens überall in Augsburg anzutreffen.

Goldener Saal im Rathaus

Im Inneren des Rathauses wandelt sich die wuchtig-nüchterne Architektur der Außenfassaden in prunkvolle Repräsentation, kumulierend im Goldenen Saal. Allerdings handelt es sich bei dieser Pracht »nur« um seit 1978 durchgeführte, originalgetreue Rekonstruktionen, da die kostbare Ausstattung des frühen 17. Jahrhunderts 1944 schwer beschädigt wurde. Dieser prächtige, drei Geschosse umfassende Raum von 32 Metern Länge und 17 Metern Breite wird von einer vergoldeten Kassettendecke dominiert, in der sich ein Bilderzyklus mit elf allegorischen Einzelgemälden befindet. Ebenso sind die Wandflächen, durchbrochen von zwei Haupt- und vier Nebenportalen, mit Grisaille-Malerei und farbenfrohen Fresken üppig verziert.

9 | St. Peter am Perlach

Links neben dem Rathaus befindet sich die Kirche St. Peter am Perlach mit dem vorgelagerten Perlachturm, einem weiteren Wahrzeichen der Stadt. Im Kern romanischen Ursprungs, wurde der Turm mehrfach, darunter 1614–1616 durch Elias Holl, auf nunmehr über 70 Meter erhöht. Ursprünglich zur dahinter liegenden Kirche

Oben: »Turamichele«
Rechts: Römermauer

St. Peter gehörend, erwarb die Stadt bereits im 13. Jahrhundert Rechte zum Zugang zur Sturmglocke. Erst durch Holl erhielt der Perlachturm neben dem nördlichen Kirchenportal einen direkten Außenzugang. Hinter dem zum Rathausplatz zeigendem Sockelbau verbirgt sich das dreischiffige Westwerk von St. Peter. Eine Besonderheit stellt die mittige Öffnung dar, in der seit 1616 alljährlich zum Michaelstag am 29. September unter großer Anteilnahme der Bevölkerung das »Turamichele« erscheint. Im Takt der Turmuhr sticht der Erzengel Michael auf den unter ihm liegenden Teufel ein. Besonders lohnenswert ist der Aufstieg zur Plattform des Perlachturmes, die einen wunderschönen Ausblick über die ganze Stadt – bei klarer Sicht und gehisster gelber Fahne sogar bis zu den Alpen – bietet.

Die Kirche St. Peter selbst zählt zu den ältesten Bauwerken von Augsburg. Gestiftet im 11. Jahrhundert und nach einen Einsturz im ausgehenden 12. Jahrhundert neu errichtet, handelt es sich um eine romanische, dreischiffige Hallenkirche mit geradem Chorabschluss. In seinem Inneren, das im 18. Jahrhundert barock umgestaltet wurde, bewahrt St. Peter bedeutende Kunstschätze auf, darunter Wandfresken des 13. Jahrhunderts sowie das um 1700 von Johann Georg Melchior Schmidtner geschaffene Gemälde »Maria Knotenlöserin«, eine weltweit einzigartige Darstellung der Madonna. Der heutige Papst Franziskus war bei einem Besuch 1986 so beeindruckt von dem Marienbild, dass er die Verehrung der »Knotenlöserin« in Argentinien förderte, von wo sie sich über ganz Südamerika ausbreitete. Die berühmte Tonfigur des thronenden Christus Pantokrator entstand etwa 1182.

10 | Historisches Domviertel

Über die »Kaisermeile«, ab hier als Karolinenstraße bezeichnet, führt der Stadtrundgang in das altehrwürdige Domviertel von Augsburg. Hier befand sich einst die Römersiedlung, der im Mittelalter die Bischofsstadt folgte. An der Stelle, wo Obstmarkt und Schmiedberg auf den Hohen Weg treffen, erhob sich bis ins frühe 14. Jahrhundert das Burgtor zur Trennung der Bischofs- von der reichsfreien Bürgerstadt. Dem Hohen Weg weiter

D M
M·AVR·CAR IIVIRAVGINGEN
PRAGMSIBIETFAVSTIVCVNDAE
VXORIETAVRELIAEFILCETERISQ
COGNATIS V F

Peutingerhaus

Konrad Peutinger
1465–1547, Jurist und Humanist. 1493 in seiner Heimatstadt zum Syndikus gewählt, wohnte er mehreren Reichstagen bei und war kaiserlicher Rat von Maximilian I. Außerdem bekleidete Peutinger 1497–1534 das Amt des Stadtschreibers. Stets um Ausgleich zwischen den Religionsparteien bemüht, beendete er diese Tätigkeit mit der Einführung der Reformation in Augsburg. Peutinger pflegte Kontakt zu humanistischen Gelehrten, besaß eine umfangreiche Bibliothek, sammelte Altertümer und edierte die mittelalterliche Kopie einer römischen Straßenkarte (»Tabula Peutingeriana«).

folgend, biegt man nach wenigen Metern links in die Peutingerstraße ein. Namensgebend war der Humanist **Konrad Peutinger**, der einst in dem dreigeschossigen Wohnpalais (Nr. 11) mit der zarten Rokoko-Fassade lebte. In Erinnerung an die Sammlungstätigkeit des Gelehrten sind in dem Anwesen mehrere steinerne Denkmale seiner Sammlung eingelassen.

Direkt gegenüber dem Peutingerhaus zeugen auf dem Domplatz Mauerreste unterhalb des heutigen Straßenniveaus von einem römischen Haus sowie der karolingischen Kirche St. Johannes. Im Zuge der Säkularisation und der Gründung des bayerischen Königreiches im Jahre 1806 wandelte sich der Sitz des Fürstbischofes zur königlichen Residenz, sodass zur Schaffung eines Parade- und Exerzierplatzes die Johanneskirche gemeinsam mit anderen Kapellen abgebrochen und der Domfriedhof eingeebnet wurde. Die links von der Ausgrabungsstätte liegende »Römermauer« entstand 1954 zur Präsentation von Replikaten römischer, in Augsburg gefundener Überbleibsel.

Auf der rechten Seite der Peutingerstraße fallen am Haus Nr. 24 die drei Erkertürmchen sowie der Gewölbegang ins Auge. Bei dem Gebäude handelt es sich um Reste des 1507 errichteten Burggrafenturms.

11 | Fronhof

Mozart-Stele

Hinter dem Burggrafenturm öffnet sich der Fronhof, in dem sich einst Verwaltungs- und Repräsentationsbauten der fürstbischöflichen Hofhaltung befanden. Eine Stele erinnert an den in Augsburg geborenen Komponisten Leopold Mozart und seinen Sohn Wolfgang Amadeus. Von Bäumen umgeben thront das Friedensdenkmal von 1876, errichtet zum Gedenken an den Deutsch-Französischen Krieg von 1870/71. Den Krieger flankieren am Sockel Kinderfiguren als Allegorien der Geschichte, der Wehrkraft, des Gewerbefleißes und der Arzneikunst.

Das zweiflügelige Gebäude gehörte einst zur mittelalterlichen Bischofspfalz und wurde Mitte des 18. Jahrhunderts als barocke Fürstbischöfliche Residenz umgestaltet. Der spätmittelalterliche viereckige Turm wurde 1507/08 erhöht. Die Ostseite des Hauptflügels ist als repräsentative Schaufassade gestaltet, der Giebel über dem Portal wird von dem Wappen des Fürstbischofs Joseph, Landgraf von Hessen-Darmstadt, sowie einer Uhr und dem Fürstenhut bekrönt. Heute sitzt in dem Komplex sowie in weiteren umliegenden Gebäuden die Regierung von Schwaben. Dahinter befindet sich der sehenswerte barocke Hofgarten (Apr.–Okt. 8–21 Uhr).

DOM im
IX Jahrh

12 | Dom

Besichtigung 7–18 Uhr

Entlang der altehrwürdigen Mauern gehend, kann man die Geschichte des Doms von Augsburg, das vermutlich bereits seit römischer Zeit Bischofssitz war, nachvollziehen. Anstelle antiker Wohnbauten war unter Bischof Simpert um 800 eine karolingische Kirche entstanden, die nach ihrem Einsturz ab 995 durch einen ottonischen Neubau, geweiht 1065, ersetzt wurde. Bald darauf wurden die beiden romanischen Türme errichtet. Im 14. Jahrhundert erfolgten umfangreiche Arbeiten im Stil der Gotik wie die Verdopplung der Seitenschiffe, die Einwölbung von Westchor und Langhaus oder der Anbau neuer Kapellen. 1356 wurde außerdem der Grundstein für einen neuen, umlaufenden Chor mit Kapellenkranz im Osten gelegt. Geweiht im Jahre 1431, reichte dieser höher als das Langhaus aufragende Ostchor so weit in die städtische Hauptstraße hinein, dass die Bürger ein bis 1821 bestehendes Durchgangsrecht vom Süd- zum Nordportal erhielten.

In der Nähe des Südportals steht seit 1986 der Dombrunnen. Geschaffen von Josef Henselmann, zeigt er die drei Bistumspatrone: Bischof **Ulrich**, Bischof Simpert und die Hl. Afra.

Durch das prächtige, der Bürgerstadt zugewandte Süd- oder Marienportal aus dem 14. Jahrhundert betritt man das Innere des Domes. Der Zugang mit Vorhalle zählt mit seiner Vielzahl dargestellter Figuren zu den größten Kirchenpforten in Süddeutschland. Den Mittelpfeiler schmückt eine Madonna, in den Gewänden stehen die Apostel. Das dreireihige Tympanon verbildlicht Szenen des Marienlebens. Bei den bronzenen Löwenköpfen auf den Türflügeln handelt es sich um Abgüsse der Originalfiguren des 12. Jahrhunderts.

Während die barocke Umgestaltung des Kircheninneren im 19. Jahrhundert im Stil der Neogotik purifiziert wurde, bemühte man sich im 20. Jahrhundert wieder um die Herstellung der gotischen Architektur.

Zunächst durchschreitet man den rechter Hand beginnenden fünfschiffigen Ostchor im Stil der Gotik, dessen Mittelschiff erhöht ist und um dessen Umgang sich ein Kapellenkranz schließt. In der Lukaskapelle befindet sich

Ulrich von Augsburg
890–973, Bischof. Ulrich bekleidete von 923 bis zu seinem Tod das Amt des Augsburger Bischofs. In dieser Zeit initiierte er u. a. den Bau einer Stadtmauer. Große Verdienste erwarb er sich bei der Abwehr der heidnischen Ungarn, die mit seiner Hilfe am 10. August 955 von Kaiser Otto I. in der legendären Schlacht auf dem Lechfeld besiegt wurden. Als Berater des Kaisers zählte Ulrich zu den einflussreichsten Klerikern der Epoche. Kurze Zeit nach seiner Beisetzung in der Kirche St. Afra begann eine starke Verehrung seiner Person. Der Überlieferung nach war Ulrichs Heiligsprechung 993 die erste, die der Papst persönlich durchführte.

Oben: Türknauf
Links: Marienportal

ein dreigeschossiger Altar, gestiftet von dem 1598 davor bestatteten Bischof Otto von Gemmingen, dessen Ausführung in Rotmarmor eine Seltenheit ist. In der dritten, der Konradkapelle, verdient die Grabplatte des Bischofs Wolfhard von Roth (gestorben 1302) Aufmerksamkeit.

Im Mittelschiff des Langhauses befinden sich an den vorderen Pfeilern vier Tafelbilder von Hans Holbein d. Ä., die er für ein schwäbisches Kloster 1493 malte. 1860 wurden sie für den Augsburger Dom erworben. Lässt man von hier aus seinen Blick nach oben an die südliche Mittelschiffwand schweifen, erblickt man fünf farbige Prophetenfenster aus dem 12. Jahrhundert. Sie zeigen von links nach rechts die Propheten Jona, Daniel und Hosea sowie König David und Moses und gelten als die ältesten abendländischen Glasgemälde, die an ihrem Ursprungsort erhalten sind.

Im Westchor sind besonders der steinerne, um 1100 geschaffene Bischofsthron, der zu den ältesten in Deutschland zählt, sowie der Altar sehenswert. 1447 ursprünglich für den Ostchor geschaffen und im 16. Jahrhundert hierher versetzt, stellt er durch seine Verbindung einer sandsteinernen Mensa mit einem Bronzeretabel eine Seltenheit dar. Über den Fialen thront eine Kreuzigungsgruppe; die verloren gegangenen Mittelfiguren wurden 2012 durch moderne Umrisse ersetzt.

Das Südquerhaus links des Westchors ziert ein überdimensionales Wandgemälde des Hl. Christophorus von 1491. Durch die Einziehung des gotischen Gewölbes ist das Bild angeschnitten. Hier ist außerdem das größte Maßwerkfenster des Doms von 1330/40 zu bewundern.

Moses-Fenster

In der Westkrypta aus ottonischer Zeit befindet sich ein Altarstein, der noch aus dem von Bischof Simpert gegründeten karolingischen Dom stammt. In der größeren vorderen Krypta haben sich spätromanische und frühgotische Wandmalereien erhalten.

Im Nordquerhaus ist die 1488 begonnene und bis heute fortgesetzte Bischofsgalerie bemerkenswert, die alle Augsburger Bischöfe von Anbeginn bis heute zeigt. Die barocke, reich mit Stuck und Fresken verzierte Marienkapelle (1720/21) am nördlichen Seitenschiff hebt sich von der übrigen mittelalterlichen Ausstattung des Domes ab.

Der vom Nordschiff aus zu betretende Kreuzgang zählt mit über 400 erhaltenen, teilweise meisterhaft gearbeiteten Grabplatten des 13. bis 19. Jahrhunderts zu den reich-

Leopold Mozart
1719–1787, Komponist. Als Sohn des Buchbinders Johann Georg erhielt Leopold eine umfassende Bildung auf dem Augsburger Jesuitenkolleg. Ab 1740 war er in Salzburg zunächst als Geiger und Kammerdiener tätig, um später zum Vizekapellmeister des dortigen Erzbischofes aufzusteigen. Auch wenn Leopold Mozart zahlreiche Werke komponierte, ist er heute eher als Entdecker und Erzieher seiner hochbegabten Kinder bekannt. 1756 erschien in Augsburg sein europaweit bekanntes Lehrwerk »Versuch einer gründlichen Violinschule«.

haltigsten in Deutschland. Während seine heutige Gestalt überwiegend aus dem ausgehenden 15. bzw. beginnenden 16. Jahrhundert stammt, datiert die Katharinenkapelle aus der Zeit um 1300. Im Nordflügel des Kreuzgangs befindet sich ein Zugang zum Diözesanmuseum St. Afra.

13 | Diözesanmuseum St. Afra

Di–Sa 10–17 Uhr, So 12–18 Uhr

Im Jahre 2000 neu eröffnet, präsentiert sich die Ausstellung sowohl in einem gläsernen Neubau als auch in Dombereichen wie dem romanischen Kapitelsaal. Neben dem kostbaren Kirchenschatz mit Reliquien und liturgischen Gewändern sowie den von einem Augsburger Plattner angefertigten Funeralwaffen für die Totenfeierlichkeiten des 1558 verstorbenen Kaisers Karl V. zeigt das Diözesanmuseum auch eine wertvolle Bronzetür des Domes. Gegossen im 11. Jahrhundert, gehören die 35 Einzelreliefs der Pforte zu den ältesten figürlichen Portaldarstellungen. Interessant sind außerdem die offenen »archäologischen Fenster«, die Einblicke in das ursprüngliche Dombauwerk gewähren.

14 | Leopold-Mozart-Haus

Di–So 10–17 Uhr

Nach rund 300 Metern durch die Frauentorstraße, gesäumt von Bürgerhäusern des 16. bis 18. Jahrhunderts, erreicht man das Mozarthaus (Nr. 30). Seit Mitte des 19. Jahrhunderts erinnert eine Gedenktafel daran, dass hier im November 1719 **Leopold Mozart** geboren wurde. Ihm zu Ehren öffnete 1937 eine Gedenkstätte, die zuletzt 2019 neu konzipiert wurde. Neben Dokumenten aus dem Leben der berühmten Musiker-Familie werden u. a. Handschriften und Bücher sowie Stiche, Noten und Musikinstrumente präsentiert. Leopold, der mit seiner Familie bereits 1721 in die nahe gelegene Jesuitengasse umzog, verbrachte in Augsburg fast seine gesamte Schulzeit, bis er die Stadt nach dem Tod des Vaters 1736 in Richtung Salzburg verließ. Sein berühmter Sohn Wolfgang Amadeus weilte fünfmal in Augsburg, u. a. um Konzerte im Fuggerhaus und in verschiedenen Kirchen zu geben. Im Alter von 21 Jahren erlebte Wolfgang 1777 bei einem Aufenthalt wohl sein erstes erotisches Abenteuer mit seiner Augsburger Cousine **Marianne Thekla Mozart**.

Marianne Thekla Mozart
1758–1841, Cousine von Wolfgang Amadeus Mozart. Geboren in Augsburg als Tochter von Franz Alois Mozart, wurde Marianne durch die Korrespondenz mit dem berühmten Komponisten bekannt, der seinem »Augsburger Bäsle-Häsle« frivole Zeilen widmete. 1781 sahen sich die beiden letztmalig. Marianne, die 1784 eine uneheliche Tochter gebar, blieb zeitlebens unverheiratet. 1814 zog sie nach Bayreuth, wo sie bis an ihr Lebensende eine unauffällige bürgerliche Existenz führte. In der Jesuitengasse 26 erinnert eine Gedenktafel an sie.

15 | Fugger und Welser Erlebnismuseum

Di–So 10–17 Uhr

Das sogenannte Wieselhaus (Äußeres Pfaffengäßchen 23), in dem 1637–1642 der Optiker Johann Wiesel lebte, wurde um 1530 im Stil der Renaissance mit Arkaden und Loggien errichtet. Mittels modernster preisgekrönter Museumstechnik – jeder Besucher erhält ein kleines Pfeffersäckchen, mit dem er sich individuell Inhalte aufrufen kann – wird die Blütezeit Augsburgs im 16. Jahrhundert erlebbbar. Stellvertretend für die zahlreichen Kaufmannsfamilien »führen« Jakob Fugger der Reiche und Bartholomäus Welser d. Ä. durch die interaktive Ausstellung. Man erfährt anschaulich, wie die Handelsimperien funktionierten, Bergbau betrieben und durch Bankgeschäfte mit Königen, Kaisern und dem Papst große Politik gemacht wurde. Im Garten sind Beete im humanistischen Sinne des 16. Jahrhunderts angelegt.

Im Äußeren Pfaffengässchen 9 kann man im Archäologischen Garten noch »tiefer« in die Geschichte eintauchen – hier befand sich das Zentrum der römischen Stadt.

16 | Stadtmetzg

Über Frauentorstraße und Hohen Weg gelangt man zurück zur Karolinenstraße, von der links vor dem Perlachturm der gleichnamige Berg steil hinab in das Augsburger Lechviertel führt. Am Metzgplatz begegnet man erneut dem Baumeister Elias Holl, der zwischen 1606 und 1609 für die Metzger der Stadt ein neues Verkaufs-, Amts- und Zunfthaus errichtete. Die Stadtmetzg, 1634 nach einem Brand wieder aufgebaut, befand sich über dem offenen Wasserlauf des Vorderen Lech, um die Keller zu kühlen und Abfälle entsorgen zu können. Vor der repräsentativen Schaufassade mit dem Stadtwappen und den skelettierten Ochsenschädeln führt eine flache Freitreppe zu den beiden Portalen, hinter denen sich einst die Verkaufsfläche anschloss. In den 1930er Jahren wurde die Stadtmetzg entkernt und fortan als Verwaltungsgebäude genutzt.

Die lebensgroße Statue des Heiligen Georg auf dem Metzgplatz stammt von 1565 und stand bis 1833 als Säulenfigur in der Nähe des alten Rathauses (Original im Maximilianmuseum). Bei dem Giebelgebäude mit dem tief heruntergezogenen Dach handelt es sich um die bereits im 13. Jahrhundert erwähnte »Kresslesmühle«, eine der ältesten der Stadt.

Georgsbrunnen

17 | Brechthaus

Di–So 10–17 Uhr

Der am Metzgplatz beginnenden Barfüßerstraße folgend, führt nach wenigen Schritten linker Hand die Gasse »Auf dem Rain« zum Geburtshaus des Schriftstellers **Bertolt Brecht**. Hier, wo sich das kleine, aus der Zeit um 1700 stammende Handwerkerhäuschen inselartig zwischen Hinteren und Mittleren Lech schmiegt und sogar die Fassade mit einem Knick dem Wasserlauf folgt, erblickte »B. B.« am 10. Februar 1898 das Licht der Welt. Allerdings zog die Familie noch im gleichen Jahr, vermutlich aufgrund des Lärms der im Erdgeschoss untergebrachten Feilenhauerei, einige Straßen weiter.

Erst 1981 erwarb Augsburg – dessen Beziehung zu Brecht sich lange Zeit schwierig gestaltete – sein Geburtshaus, um einen Gedenkort einzurichten. Anlässlich des 100. Geburtstages des Autors der »Mutter Courage« wurde das Literaturmuseum 1998 neu eröffnet, um mittels Erstausgaben, Kunstwerken sowie Film-, Bild- und Textdokumenten Einblicke in Brechts Leben und Schaffen zu gewähren. Um ihn in seiner Heimatstadt stärker zu verankern, findet alljährlich ein »Brechtfestival« statt.

Bertolt Brecht
1898–1956, Schriftsteller. 1917 verließ Brecht seine Geburtsstadt Augsburg, um in München Medizin und Philosophie zu studieren. Anschließend arbeitete er vor allem als Dramaturg und Regisseur, bevor er 1933 emigrieren musste. Über Prag, Wien, Zürich, Paris, Skandinavien und Moskau gelangte er nach Los Angeles. Nach dem Zweiten Weltkrieg wirkte Brecht in Berlin. Er ist einer der weltweit bekanntesten deutschen Schriftsteller. Seine Dramen zählen zu den meistgespielten Stücken des 20. Jahrhunderts, mit seiner Konzeption des »epischen Theaters« hat er die Bühnenpraxis wie kein zweiter Autor verändert.

18 | Barfüßerkirche

In der Barfüßerstraße erhebt sich die gleichnamige Kirche. Das Gotteshaus gehörte einst zur Klosteranlage der Franziskaner, die in Augsburg 1221 die erste franziskanische Niederlassung auf deutschem Boden gegründet hatten. Aus dem frühen 15. Jahrhundert datiert der gotische Neubau »bei den Barfüßern« – als hohe dreischiffige Basilika mit langgestrecktem Chor ein typischer Vertreter der Bettelordenskirchen. Im Zuge der Reformation erhielten die Protestanten die Kirche, während die Stadt die Klosteranlage übernahm und noch im 16. Jahrhundert ein paritätisches Altenstift einrichtete. Auf der 1944 zerstörten Kirchenorgel des berühmten Klavier- und Orgelbauers **Johann Andreas Stein** spielte 1777 Wolfgang Amadeus Mozart. In der Nähe der Barfüßerkirche aufgewachsen, erhielt Bertolt Brecht hier Taufe und Konfirmation und besuchte bis 1906 Kindergarten und Schule bei den Barfüßern. Das im Zweiten Weltkrieg zerstörte Langhaus wurde nicht wieder aufgebaut, sodass sich dem Betrachter heute allein der nach Osten gerichtete Chor mit ehemaligen Ausstattungsstücken der Kirche präsentiert. Auf der Höhe des Chores erhob sich über der Straße der von Elias Holl erbaute Barfüßerturm.

Johann Andreas Stein
1728–1792, Klavier- und Orgelbauer. Nach Lehr- und Wanderjahren in Straßburg, Regensburg, Ulm und Stuttgart ließ sich Stein 1750 in Augsburg nieder. In der Reichsstadt, deren Bürgerrecht er 1757 erwarb, reparierte Stein die Orgeln mehrerer Kirchen und war als Organist in der Barfüßerkirche tätig. Außerdem perfektionierte der Orgelbauer das um 1700 entwickelte Hammerklavier. Insgesamt verließen seine Werkstatt rund 700 Klaviere, die in ganz Europa Absatz fanden. Stein war auch mit den Mozarts befreundet. Wolfgang Amadeus nutzte viele Jahre ein von Stein gefertigtes Reiseklavier.

Denkmal für Jakob Fugger

Jakob Fugger »der Reiche«
1459–1525, Kaufmann und Bankier. Als zehntes Kind seines Vaters Jakob Fugger d. Ä. geboren, sollte Jakob eigentlich eine kirchliche Laufbahn einschlagen. Doch bereits als 14-Jähriger vertrat er die väterliche Firma in Venedig. Jakob Fugger baute die Handels-, Bergbau-, Textil- und Bankgeschäfte zu einem europaweit tätigen Unternehmen aus. Durch seinen Reichtum nahm er entscheidenden Einfluss auf die Politik, da er u. a. mehrere Könige und die römische Kurie finanzierte. 1511 wurde der kinderlos gebliebene Jakob in den Adels- und 1514 in den Reichsgrafenstand erhoben – patrizische Gremien in Augsburg blieben ihm zeitlebens verwehrt. Überall in der Stadt trifft man auf ihn zurückgehende Stiftungen.

19 | Fuggerei

Apr.–Sept. 9–20 Uhr; Okt.–März 9–18 Uhr

Hinter dem Stadtgraben nimmt die Jakoberstraße ihren Lauf, die nach rund 200 Metern zu einer der berühmtesten Attraktionen in Augsburg führt: der Fuggerei. Auf der rechten Straßenseite hebt ein prunkvoller Erker, nach dem Zweiten Weltkrieg von einem zerstörten Gebäude gerettet und an dieser Stelle angebracht, den Eingangsbereich der Fuggerei hervor. Durch das für Besucher geöffnete Eingangstor, bekrönt von einer Stiftertafel und zwei Wappen, gelangt man auf die Herrengasse als zentrale Achse der Anlage.

Als eine der ältesten Sozialsiedlungen der Welt – erste soziale Anlagen wie Spitäler für Arme, Alte oder Kranke gab es auf deutschem Boden bereits im Mittelalter – zeichnet sich die Fuggerei besonders durch ihre Größe als »Stadt in der Stadt« und durch ihren kontinuierlichen Fortbestand bis heute aus. **Jakob Fugger** stiftete die Sozialsiedlung, auch im Namen seiner verstorbenen Brüder Ulrich und Georg, offiziell im Jahr 1521. Ob der Bankier und Kaufmann dabei tatsächlich aus selbstlosen Motiven handelte oder sich in ein besseres Licht rücken wollte, wird von der Forschung unterschiedlich beurteilt. Nichtsdestotrotz war die Siedlung als Hilfe zur Selbsthilfe gedacht, in der »würdige Arme«, d.h. unverschuldet Verarmte und keine Bettler, für einen Rheinischen Gulden pro Jahr und täglich drei Gebete für das Seelenheil der Fugger wohnen konnten. Für damalige Verhältnisse unüblich war die den Bewohnern zugestandene Privatheit, die weder feste Gebetszeiten noch strenge Verhaltensregeln forderte. Die Reihenhaussiedlung bestand bei ihrer Fertigstellung 1523 aus 52 zweigeschossigen, mit je zwei Dreizimmerwohnungen ausgestatteten Häusern. Trotz schwerwiegenden Zerstörungen während der schwedischen Besatzung im Dreißigjährigem Krieg und dem Bombenhagel des Zweiten Weltkrieges wird die Fuggerei bis heute durch die »Fürstlich und Gräflich Fuggersche Stiftungs-Administration« betrieben, wobei die rund 150 Bewohner katholischen Glaubens nach wie vor einen symbolischen Jahresbetrag von 88 Cent entrichten.

Links hinter dem Eingang befindet sich die katholische Markuskirche, die 1581/82 als Reaktion auf das protestantisch geprägte Augsburg erbaut wurde. Die Ausstattungsstücke des nach dem Krieg neu errichteten Gotteshauses stammen überwiegend aus anderen Kirchen, wie das 1510 gestiftete Epitaph für Ulrich Fugger aus St. Anna. Anlässlich ihres 500-jährigen Jubiläums wurden die Ausstellungen der Fuggerei neu konzipiert. Das Museum der Geschichte und des Wohnens (Mittlere Gasse 13/14) erläutert die Entwicklung der Sozialsiedlung von 1521 bis zu ihrer Zerstörung im Zweiten Weltkrieg. In der historisch rekonstruierten Wohnung erzählen fünf Bewohnerbiografien aus fünf Jahrhunderten vom Leben in der Fuggerei. Im Museum der Bewohner (Ochsengasse 46) geben heutige Fuggerei-Bewohner und -Mitarbeiter spannende Einblicke in ihren Alltag. Das benachbarte Museum des Alltags beleuchtet das Leben und Wohnen in der Fuggerei seit 1947 bis heute. Im Museum im Bunker, untergebracht in einem öffentlichen Luftschutzraum von 1943, werden die Zerstörung der Fuggerei 1944 und ihr Wiederaufbau thematisiert. In der kleinen Grünanlage erinnert seit 2007 ein Denkmal an Jakob Fugger.

Eingangsbereich der Fuggerei

20 | Historisches Lechviertel

Als Begründer der **Malerfamilie Holbein** gilt Hans Holbein d. Ä. (um 1465–um 1524). Geboren in Augsburg, ließ er sich nach Stationen in den Niederlanden und am Oberrhein in den 1490er Jahren in seiner Geburtsstadt nieder. Sowohl sein Bruder Sigmund als auch sein Sohn Ambrosius waren als Maler tätig. Als berühmtester Spross der Familie gilt Hans Holbein d. J. (1497/8–1543). Nach Ausbildung in der väterlichen Werkstatt lebte er ab 1515 in Basel. In den 1520er Jahren hielt er sich in Frankreich und England auf, u. a. als Hofmaler des Königs Heinrich VIII. Er zählt zu den bedeutendsten Malern der Renaissance.

Um die Jakobervorstadt zu verlassen, begibt man sich am Haupteingang der Fuggerei links in die Jakoberstraße und biegt nach wenigen Schritten erneut links in das Karrengäßchen am teilweise frei gelegten Sparrenlech ein. Vorbei an den Außenmauern der Fuggerei, den Oberen Graben überquerend, befindet man sich im idyllischen Augsburger Lechviertel. Mehrere über die Altstadt verteilte Kanäle von beachtlicher Geschwindigkeit, die dem Lech im Süden von Augsburg entspringen und sich im Norden nahe der Mündung der Wertach wieder vereinigen, gaben dem Quartier seinen Namen. Im Mittelalter siedelten sich hier bevorzugt Handwerker von wasser- und energieintensiven Gewerben an, darunter Kürschner, Färber, Gerber, Müller und Schmiede. Als das im Krieg stark zerstörte Viertel zunehmend verfiel, plante die Stadt in den 1960er Jahren einen Komplettabriss, um Platz für Neubauten zu schaffen. Allerdings verhinderten dies engagierte Bürger, woraufhin das Lechviertel umfassend saniert wurde. Dabei wurden auch die zeitweise zugedeckten Kanäle wieder frei gelegt. Heute gilt das Lechviertel als beliebte Wohnadresse, in der sich etliche Boutiquen und Kneipen angesiedelt haben.

Sehenswert ist u.a. ein altes Handwerkshaus in der Pfladergasse 10, in dem seit dem 17. Jahrhundert die »Alte Silberschmiede« untergebracht ist. Im Bereich des Vorderen Lech passiert man das Gignoux-Haus (Vorderer Lech 8). Als Kattunmanufaktur samt Wohnhaus für den Fabrikanten Gignoux Mitte des 18. Jahrhunderts erbaut, diente die »Komödie« zwischen 1956 und 2010 als Spielstätte des Stadttheaters.

Am Holbeinplatz, wo Vorderer und Mittlerer Lech zusammentreffen, befand sich von 1496 bis 1516 Wohnung und Werkstatt des Malers **Hans Holbein d. Ä.** (Vorderer Lech 20), in der auch sein Sohn **Hans Holbein d. J.** das Licht der Welt erblickte. In dem Gebäude, das im Zweiten Weltkrieg zerstört und in den 1960er Jahren wieder aufgebaut wurde, ist heute der 1833 gegründete Augsburger Kunstverein beheimatet. Am Holbeinplatz erinnert außerdem eine Gedenktafel an **Friedrich List**.

Friedrich List
1789–1846, Eisenbahn-Pionier. Nach einer Lehre bei seinem Vater, einem Weißgerber, wechselte List 1805 in die öffentliche Verwaltung. In dieser Funktion hörte er Vorlesungen an der Universität Tübingen. Dort wurde er, obwohl er keinen höheren Schulabschluss besaß, Professor für Staatsverwaltungswissenschaften. Durch sein Exil in den USA (1825–1834) kam List mit dem Eisenbahnwesen in Kontakt. Zurück in Deutschland, setzte er sich für die Gründung des Deutschen Zollvereins (1834) und den Eisenbahnbau ein, 1839 erstmals verwirklicht zwischen Leipzig und Dresden. Im Folgejahr verfasste List in Augsburg sein Hauptwerk »Das nationale System der Politischen Ökonomie«.

21 | Dominikanerkirche St. Magdalena (Römisches Museum)

Nur wenige Meter vom Holbeinplatz entfernt gelangt man rechter Hand zur Dominikanergasse. Zuvor sollte man bereits einen Blick auf das backsteinerne Kirchen-

Im Jahr 2019 wurde das Augsburger **Wasserma-nagement-System** in das Weltkulturerbe der UNESCO aufgenommen. Zwischen den Flüssen Lech und Wertach gelegen, entwickelte sich die Stadt über acht Jahrhunderte zu einem Innovations-zentrum des Wasserbaus und der Wasserkraft. Diese künstlerischen und ingenieurtechnischen Leistungen spiegeln sich bis heute in zahlreichen Augsburger Architektur- und Technikdenkmälern wie Brunnen, Kanälen und Wassertürmen wider. So war das System bereits früh auf Nachhaltigkeit ausgelegt, und noch lange bevor die Medizin belegen konnte, wie wichtig Hygiene ist, wurde seit 1545 strikt zwischen Brauch- und Trinkwasser getrennt.

schiff der Dominikanerkirche werfen, dessen spätere Vorderansicht nur eine eingeschränkte Vorstellung vom Ausmaß des Bauwerks vermittelt. Der Dominikanerorden, seit dem frühen 13. Jahrhundert in Augsburg vertreten, erhielt 1513–1515 ein neues Gotteshaus im Stil der Renaissance. Heute zählt die zweischiffige Hallenkirche St. Magdalena mit gerade geschlossenen, chorlosen Längsseiten und einer raumbestimmenden Säulenreihe zu den wenigen erhaltenen Bauten ihrer Art.

In dem Gebäude befand sich bis 2012 das Römische Museum. Die Sammlung präsentierte Hinterlassenschaften aus der römischen Provinzhauptstadt »Augusta Vindelicum«, darunter Altäre, Grabsteine, Münzen und Gefäßreste. Zu den Prunkstücken der Sammlung zählt ein lebensgroßer, ehemals vergoldeter Pferdekopf, der vermutlich von einem Standbild aus dem 2. Jahrhundert stammt und 1769 gefunden wurde. Derzeit werden Teile der Sammlung im Zeughaus (siehe Nr. 31) gezeigt. Die Generalsanierung der Dominikanerkirche und die Planung für eine Neugestaltung des Römischen Museums werden noch mehrere Jahre in Anspruch nehmen.

22 | Heilig-Geist-Spital

Schwäbisches Handwerkermuseum

Mo/Di 9–12 Uhr, Mo–Fr 13–17 Uhr, So 10–17 Uhr, 1. Sa im Monat (Apr.–Sep.) 10–17 Uhr

Anschließend führt der Stadtrundgang zum südöstlichen Ende der Altstadt ins Ulrichviertel: über den mit einer Biegung verlaufenden Predigerberg bis zur Bäckergasse, die geradewegs in die Spitalgasse übergeht. Das im 13. Jahrhundert gegründete Heilig-Geist-Spital, wie damals üblich ursprünglich außerhalb der Stadt gelegen und später in die Nähe des Klosters St. Margareth verlegt, erhielt sein heutiges Aussehen durch Elias Holl. Errichtet bis 1631, ist die vierflügelige Anlage das letzte Bauwerk des umtriebigen Stadtbaumeisters in Augsburg. Die Nüchternheit des langgestreckten Hauptflügels mit seinem steilen Dach wird einzig vom Mittelportal durchbrochen. Hinter dem südlichen Giebel des Langhauses, verziert mit zweistöckigem Aufzugserker und Dachrei-

Heilig-Geist-Spital und Roter Kastenturm

ter, verbirgt sich die von außen nicht erkennbare Kapelle des Spitals. Den nördlichen Torbau und den in die Stadtmauer integrierten Ostflügel erreicht man in Höhe der Kirchgasse beim Rabenbad. Durch den unregelmäßigen, einst mit offenen Loggien ausgestatteten Innenhof der Anlage gelangt man zum idyllisch gelegenen Brunnenmeisterhaus, dem Mitte des 18. Jahrhunderts errichteten Werkstatt- und Lagergebäude des berühmten Stadtbrunnenmeisters Caspar Walter, der in seiner 28-jährigen Amtszeit die städtische Wasserversorgung auf einen hervorragenden Stand brachte. Hier ist heute das Schwäbische Handwerkermuseum beheimatet.

In der ruhigen Gartenanlage erblickt man drei von ehemals sieben innovativen Pumpwerken der Stadt, die die Augsburger Oberstadt mit Wasser versorgten. Bei den Zwillingstürmen handelt es sich um den Großen und Kleinen Wasserturm, die im 15. Jahrhundert errichtet und später mehrfach aufgestockt wurden. Ab 1879 wurde das Wasserwerk durch den außerhalb der Stadt gelegenen »Hochablass« abgelöst. Im roten Kastenturm (Besichtigung auf Anfrage im Handwerkermuseum, Tel. 0821 32 59 12 70) des Ostflügels, einem ehemaligen Wehrturm, befand sich ein Wasserbecken, das die Prachtbrunnen der Maximilianstraße mit Wasser speiste.

Oben: Eingang zur »Augsburger Puppenkiste«
Rechts: Rotes Tor

23 | »Augsburger Puppenkiste«

Museum Mi–So 12–18 Uhr

Im Heilig-Geist-Spital ist seit 1948 die »Augsburger Puppenkiste« beheimatet, die heute zu den bekanntesten Markenzeichen der Stadt gehört. Begründet von **Walter Oehmichen**, erlangte das Marionettentheater in den 1950er Jahren durch zahlreiche, anfangs noch schwarzweiße Fernsehproduktionen bundesweite Bekanntheit, angefangen mit der TV-Premiere »Peter und der Wolf« und fortgesetzt u. a. mit »Jim Knopf und Lukas der Lokomotivführer« oder »Urmel aus dem Eis«. Bis heute stehen in der Spitalgasse klassische Märchen auf dem Spielplan, aber auch zahlreiche moderne Stücke. Außerdem öffnet sich der berühmte Kistendeckel mit dem Namenszug »Augsburger Puppenkiste« regelmäßig für Erwachsene: neben literarischen Klassikern stehen musikalische Werke und Kabarettprogramme auf dem Spielplan. Im Oktober 2001 ging der Wunsch nach einem eigenen Museum im ehemaligen Spitalkomplex in Erfüllung. Seitdem präsentiert »Die Kiste – Das Augsburger Puppentheatermuseum« in Dauer- und Sonderausstellungen die beliebten »Stars an Fäden« mit dazugehörigen Bühnenbildern oder Kostümzeichnungen sowie Wissenswertes über die Arbeit hinter der Bühne.

Walter Oehmichen
1901–1977, Regisseur und Schauspieler. Nach seiner Ausbildung zum Fotografen und einem Schauspielstudium in Düsseldorf kam der in Magdeburg geborene Oehmichen 1931 an das Augsburger Stadttheater. Während des Zweiten Weltkrieges war er in Calais stationiert, wo er vor seinen Kameraden Puppenspiele aufführte. Zurück in der Heimat, fertigte Oehmichen für Vorstellungen im kleinen Kreis ein Haustheater. Dieser »Puppenschrein« wurde zwar bei einem Bombenangriff zerstört, doch die Idee für ein Marionettentheater mit transportabler Bühne war geboren. 1948 eröffnete »seine« Augsburger Puppenkiste, die unter Mithilfe seiner Frau Rose und den beiden Töchtern schnell zu großer Beliebtheit gelangte.

24 | Rotes Tor

Am Ende der Spitalgasse ragt das Rote Tor empor. Erstmals im frühen 13. Jahrhundert schriftlich erwähnt, gehen seine Ursprünge vermutlich auf die hier im Süden der Stadt nachweisbare römische Via Claudia zurück. Elias Holl errichtete den Neubau, der eher repräsentativen als militärischen Anforderungen genügte, in den 1620er Jahren auf einem gotischen Vorgängerbau. Über dem quadratischen Untergeschoss mit Rustikaputz und spitzem Torbogen erhebt sich das abgerundete Obergeschoss, das reifenartig mit hellen und den namensgebenden roten Mauerringen umspannt ist.

Als Augsburg Mitte des 19. Jahrhunderts zur Großstadt aufstieg und erstmals wieder so viele Einwohner

wie vor dem Dreißigjährigen Krieg besaß, wurde die Festungseigenschaft der Stadt aufgehoben. Infolgedessen wurden 1867 große Teile des reichsstädtischen Befestigungsringes mit ehemals 14 Stadttoren, der seit dem 13. Jahrhundert den Bereich zwischen Domstadt und der Reichsabtei St. Ulrich und Afra einfasste, abgetragen. Die Wallanlagen am Roten Tor hingegen blieben erhalten. Vor der malerischen Kulisse der 1929 erstmals bespielten »Freilichtbühne am Roten Tor« finden im Sommer zahlreiche Veranstaltungen statt.

25 | Historisches Ulrichsviertel

An den Spitalgebäuden vorbei setzt sich der Stadtrundgang quer durch das historische Ulrichsviertel auf dem Weg zu den beiden namensgebenden Kirchen fort. Dabei passiert man u. a. linker Hand in der Kirchgasse 5 das ehemalige Zinshaus des Klosters, erbaut um 1500, sowie in der einmündenden Ulrichsgasse 3 den 1683 erbauten Stadel eines Wirtschaftshofes von St. Ulrich. Anschließend biegt man rechts in die Peter-Kötzer-Gasse ein, um im Schatten der Basilika zum Ulrichsplatz zu gelangen.

Der Ulrichsplatz markiert, als höchste Stelle der Stadt, das südliche Ende der prächtigen Maximilianstraße. Ursprünglich wurde der Platz in Richtung Innenstadt durch das Siegelhaus sowie einen Wein- und Salzstadel begrenzt. Mit dem Abriss der funktionslos gewordenen Gebäude zu Beginn des 19. Jahrhunderts wurde der Blick auf die erheblich verbreiterte Straße frei. Gesäumt wird der Ulrichsplatz von Bürgerhäusern des 16. Jahrhunderts, die im 18. Jahrhundert häufig barock überformt wurden. Dazu zählt auch das Gebäude am Ulrichsplatz 10, das einstige Wohnhaus des Klavier- und Orgelbauers Johann Andreas Stein.

Augsburger Hohes Friedensfest
Nachdem durch das 1629 erlassene Restitutionsedikt alle evangelischen Kirchen in Augsburg geschlossen waren, fanden durch die im Westfälischen Frieden von 1648 ausgehandelte Gleichstellung der christlichen Konfessionen wieder protestantische Gottesdienste u.a. in St. Ulrich statt. Aus Dankbarkeit veranstalteten die Protestanten 1650 erstmals ein Hohes Friedensfest, das bis heute alljährlich am 8. August als städtischer Feiertag begangen wird. 2018 wurde das Fest in das Bundesweite Verzeichnis Immaterielles Kulturerbe aufgenommen.

26 | Evangelische Ulrichskirche

Sommer 14–17 Uhr, Winter 13–16 Uhr; So ab 11 Uhr

An der Südseite des Platzes befindet sich die evangelische Pfarrkirche St. Ulrich, die sich im rechten Winkel an die dahinter aufragende Ulrichsbasilika schmiegt. Die vermutlich überdachte Arkadenhalle der Basilika diente einst dem Verkauf von Devotionalien an Wallfahrer und

als Grablege vornehmer Bürger, bis sie 1457 als Predigtsaal eingerichtet wurde. 1709/10 erfolgte sowohl an der Fassade als auch im Inneren eine Neugestaltung der Kirche. Die nach Norden zeigende Schauseite ist klar gegliedert: über dem Mittelportal erheben sich fünf Rundbogenfenster, darüber ein Volutengiebel mit Uhr, bekrönt von einem polygonalen Turm mit Zwiebelhaube.

Der rechteckige Kirchenraum ist von einem stuckierten, flachen Tonnengewölbe überspannt. Auf drei Seiten umlaufen das Kirchenschiff hölzerne Emporen mit szenischen Gemälden des Alten Testaments. Die freie Westwand hingegen wird durch die prächtige Kanzel betont. In einer eingezogenen Nische befinden sich der Altar von 1693 sowie die auf einer zweiten Empore befindliche Orgel. Bereits 1526 wurde das Predigthaus von St. Ulrich zur evangelischen Gemeindekirche, während die mit ihr durch einen großen Durchgang verbundene gleichnamige Abteikirche St. Ulrich und Afra katholisch blieb.

Zur großen »Schwester« gelangt man heute rechts neben der Ulrichskirche. Bis heute stehen die beiden Gotteshäuser, deren gemeinsame Silhouette eine bekannte Stadtansicht bildet, symbolisch für die Augsburger religiöse Parität.

27 | St. Ulrich und Afra

Besichtigung 8–17 Uhr, **Heiltumskammer** nach Voranmeldung Tel. 0821 34 55 60

Im Jahre 304 wurde auf einem römischen Friedhof südlich von Augsburg die später heiliggesprochene Afra bestattet, die unter Kaiser Diokletian den Märtyrertod gestorben war. Ihr Grab entwickelte sich zum Wallfahrtsort, sodass Bischof Simpert an dieser Stelle eine klerikale Gemeinschaft gründete. Um das Jahr 1012 übernahmen Benediktinermönche das Stift. Es erhielt seinen bis heute gebräuchlichen Namen – St. Ulrich und Afra – durch die Beisetzung des 973 verstorbenen Bischofs Ulrich, der bei der Heiligen Afra bestattet werden wollte. 1577 wurde der bereits reichsunmittelbaren, geistig-kulturell bedeutenden Abtei die Reichsstandschaft verliehen. Im Zuge der Säkularisation wurde die Stifts- in eine Pfarrkirche umgewandelt und das Kloster aufgehoben. Ab 1806 als Lazarett und Gefangenenlager genutzt, diente das Areal später als Kaserne. Jene Klostergebäude, die nicht den Bomben des Zweiten Weltkrieges zum Opfer fielen, wurden 1968 abgebrochen.

Der heutige Kirchenbau, der mehreren Nachfolgebauten seit der Zeit der Afra-Verehrung folgte, wurde 1467 begonnen. Etwa gleichzeitig mit der Weihe des Langhauses begann ab 1500 die Grundsteinlegung des Chores. Aus der Silhouette der beiden Ulrichskirchen, einem Wahrzeichen von Augsburg, sticht der mit einem Zwiebelhelm bekrönte Nordturm hervor. Mit seinen 93 Metern überragt er die reichsstädtischen und bischöflichen Dominanten der Maximilianstraße – Rathaus, Perlach und Domspitzen – um einiges.

Bei dem gotischen Bauwerk handelt es sich um eine klassische Basilika, deren Seitenschiffe durch kapitelllose Pfeiler vom Langhaus abgetrennt sind. Dem steil emporragenden Chor ist ein kurzes Querhaus vorgelagert. Das Kircheninnere wurde 1604–1608 ausgestaltet. Die szenenreichen Altäre sind bereits eine bewusste Inszenierung in frühbarockem Geist. Den Hochaltar im Chorraum flankieren zwei nicht minder üppig gestaltete Seitenaltäre im Querschiff, gewidmet den Heiligen Afra (links) und Ulrich (rechts). In der Vierung befindet sich eine bronzene Kreuzigungsgruppe. 1962 wurde an dieser Stelle eine Unterkirche mit Grufträumen der Stadt- und Bistumsheiligen Afra und Ulrich angelegt.

Simpertus-Kapelle

Die imposante hölzerne Kanzel mit ausladendem Schalldeckel und das marmorne Weihwasserbecken stammen ebenfalls aus dem frühen 17. Jahrhundert. Zur gleichen Zeit, 1607, wurde die Westempore für die Orgel eingezogen, deren sehenswertes Gehäuse auf 1608 datiert ist. Das 4487 Pfeifen umfassende Orgelwerk mit 68 klingenden Registern auf vier Manualen schuf 1981/82 die Dillinger Orgelbaufirma Hubert Sandtner. Das qualitätsvolle geschnitzte Gitter darunter entstand 1712. Erwähnenswert sind außerdem die Kapellen am rechten Seitenschiff mit einigen Grablegen der Fuggerschen Familie. Aus ihnen sticht die Simpertus-Kapelle mit dem Grabmal des gleichnamigen dritten Stadtheiligen hervor, dessen kunstvoller Bogen aus dem 15. Jahrhundert in den Kirchenraum hereinragt.

Seit dem Jubiläumsjahr zu Ehren der Heiligen Afra 2004 präsentiert die Heiltumskammer den bedeutenden Kirchenschatz der Basilika, darunter das Ulrichskreuz, das der Bischof der Legende nach bei der Schlacht auf dem Lechfeld mit sich trug.

28 | Herkulesbrunnen

Neue Galerie im Höhmannhaus/Grafisches Kabinett
Di–So 10–17 Uhr

Anschließend begibt man sich auf der Maximilianstraße in Richtung Innenstadt bis zum dritten Augsburger Prachtbrunnen. Wie der Merkurbrunnen (siehe Nr. 6) im ausgehenden 16. Jahrhundert von Adriaen de Vries modelliert, zeigt der Herkulesbrunnen den Sohn des Göttervaters Zeus bei einer seiner zwölf Heldentaten, dem Bezwingen der Wasserschlange Hydra mit einer Flammenkeule. Die zwischen den sitzenden Bronzefiguren angebrachten Goldreliefs stellen Allegorien auf die römische Stadtgründung, den Einzug der Stadtgöttin Augusta sowie die Eintracht dieser Stadtgöttin mit jener von Rom als Hinweis auf Augsburgs Einfluss als Freie Reichsstadt dar.

In Höhe des Herkulesbrunnens befindet sich das 1611 von Elias Holl errichtete Reichsstädtische Kaufhaus, dessen Seitenfront sich entlang der gesamten Heilig-Grab-Gasse erstreckt. In der Maximilianstraße 48 eröffnete 1996 die »Neue Galerie im Höhmannhaus« als internationales Forum für zeitgenössische Kunst. Seit 2011 lädt außerdem das »Grafische Kabinett« der Kunstsammlungen und Museen Augsburg zur Besichtigung zahlreicher Handzeichnungen, Kupferstiche und Radierungen vom 16. bis 19. Jahrhundert ein.

29 | Schaezlerpalais

Di–So 10–17 Uhr

Bei dem benachbarten Schaezlerpalais (Maximilianstraße 46) handelt es sich um eines der bedeutendsten Profangebäude der Reichsstadt Augsburg. Im Stil des Rokoko wurde es ab 1765 für den einflussreichen Bankier Benedikt Adam Freiherr Liebert von Liebenhofen (1731–1808) erbaut. Prunkstück des Schaezlerpalais ist der weitgehend im Originalzustand erhaltene Rokoko-Festsaal, der sich über zwei Stockwerke erstreckt und ein faszinierendes künstlerisches Programm aus Gemälden und Spiegeln, Stuck und Schnitzwerk sowie Kronleuchtern bietet. Benannt ist der Wohnpalast nach Lieberts Schwiegersohn und späteren Hauseigentümer Johann Lorenz von Schaezler (1762–1826). Während die repräsentative Schaufassade mit Portal, Balkonkonsolen und

Philippine Welser
1527–1580, Patriziertochter. Als Nichte des Bartholomäus Welser in einem Vorgängergebäude des Schaezlerpalais geboren, heiratete Philippine 1557 heimlich Erzherzog Ferdinand II. von Habsburg, den Sohn des Kaisers Ferdinand I. Erst zehn Jahre später legalisierte dieser die nicht standesgemäße, aber der Legende nach sehr glückliche Ehe seines Stammhalters mit der bürgerlichen Kaufmannstochter. Philippine lebte auf einem Schloss bei Innsbruck, wo sie u. a. Werke über Arznei- und Kochkunst verfasste.

Anton Fugger
1493–1560, Kaufmann. Anton führte nach dem Tod seines kinderlos gebliebenen Onkels Jakob Fugger 1525 das Familienimperium fort. 1538 erreichte er, der Herrscher in ganz Europa finanzierte, die lang ersehnte Aufnahme ins Augsburger Patriziat. Unter Anton, der den Fuggerschen Horizont bis nach Südamerika und Westindien erweiterte, erzielte das Unternehmen 1546 die höchsten Einnahmen seiner Geschichte. Als sein Verdienst gilt die Investition in Grundbesitz sowie die Reorganisation der Stiftungsverwaltung. Antons Tod leitete 1560 das Ende des »goldenen Zeitalters der Fugger« ein.

wappengeschmücktem Giebel zur Maximilianstraße zeigt, verläuft die mehr als fünfmal so lange Seitenfront über 100 Meter entlang der Katharinengasse.

1958 vermachten die Nachkommen Schaezlers das Gebäude der Stadt Augsburg. Seit 1968 beherbergt es die Deutsche Barockgalerie mit Meisterwerken der Malerei des 17. und 18. Jahrhunderts. Außerdem zeigt die Einrichtung mit der Sammlung der Karl- und Magdalene-Haberstock-Stiftung den wertvollen Nachlass des in Augsburg geborenen Kunsthändlers Karl Haberstock (1878–1956). Mit dem Schaezlerpalais verbunden ist zudem die älteste Filialgalerie der Bayerischen Staatsgemäldesammlung, die bereits 1835 in der gotischen, profanisierten Katharinenkirche eingerichtet wurde. Die Staatsgalerie Alte Meister umfasst Gemälde des Spätmittelalters und der Frührenaissance, darunter das weltberühmte Jakob-Fugger-Porträt von Albrecht Dürer.

30 | Fuggerhäuser

Hinter der Katharinengasse vorbei an einem modernen Hotel, an dem drei Tonbüsten (Originale von 1725 im Foyer) an das luxuriöse Vorgängergebäude, das Palast-

Damenhof

hotel »Zu den Drei Mohren«, erinnern, gelangt man zu den einst im Herzen der Reichsstadt gelegenen Fuggerhäusern. Nach seiner Heirat mit Sibylla Arzt zog Jakob Fugger 1498 in das Anwesen seiner Schwiegermutter, das er später aufkaufte und um benachbarte Anwesen erweiterte. Ab 1512 entstand durch die Zusammenfassung mehrerer Gebäude der langgestreckte traufseitige Gebäudekomplex an der Maximilianstraße. Besonderheiten der Schaufront waren neben dem kupfergedeckten Dach die Bemalung der Fassade. Nach dem Zweiten Weltkrieg wurde der ausgebrannte Palast in vereinfachter Form wieder hergestellt. Glücklicherweise wurden die wertvollen Sammlungen der Fuggerschen Kunstkabinette vor dem Krieg auf das Fugger-Schloss Babenhausen verlegt.

Im 16. Jahrhundert, in dessen Verlauf der Stadtpalast mehrfach umgebaut wurde, weilten bei den Fuggern gekrönte Häupter wie Maximilian I. und Karl V., berühmte Maler wie Dürer und Tizian sowie unzählige Persönlichkeiten. Zu den bedeutendsten Ereignissen, die in den Fuggerhäusern stattfanden, zählt die Unterredung zwischen Kardinal Cajetan und Martin Luther im Herbst 1518. Nach dem Tode von Jakob Fugger bewohnte sein Neffe und Nachfolger Anton Fugger das Anwesen.

Während sich hinter dem mit einem Adler bemalten Tor die »Fürst Fugger Privatbank« befindet (Maximilianstraße 38), führt das zweite Portal in der Maximilianstraße 36 zu drei Innenhöfen des Anwesens. Vom schmalen Zofenhof gelangt man rechter Hand zum bekannten Damenhof, der im Auftrag Jakob Fuggers als einer der ersten deutschen Profanbauten im Stil der Renaissance anlegt wurde. Ihn zieren Arkadengänge mit schlanken Säulen, deren Bögen mit dekorativen Malereien und Schmuckscheiben verziert sind. Vom Zofen- gelangt man in den Serenadenhof, wo sich hinter einem unscheinbaren Erker die einstigen Aufenthaltsräume von Kaiser Karl V. verbergen. Von hier führt der andere Ausgang zum Zeugplatz, den man alternativ auch durch das Apothekergäßchen erreicht.

31 | Zeughaus

Das städtische Waffenarsenal wurde im ausgehenden 16. Jahrhundert in das bereits bestehende Kornhaus integriert. 1602–1607 brachte Stadtbaumeister Elias Holl die Anlage zum Abschluss, indem er einen neuen Trakt schuf und beide Gebäudeteile durch einen hofseitigen Treppenturm optisch zusammenfügte. Während die Fassaden unterhalb der hoch aufragenden Satteldächer allesamt schlicht gehalten sind, präsentiert sich die Schaufassade mit dem Volutengiebel reich geschmückt. In ihrer Mitte sticht die 1607 vollendete Figurengruppe des Bildhauers Hans Reichle hervor. Sie zeigt in dramatischer Ausdrucksweise den Erzengel Michael im Kampf mit dem am Boden liegenden Luzifer, flankiert von drei Putten. Vom ausgehenden 19. Jahrhundert bis 1975 diente das Zeughaus als Hauptfeuerwache. Im Zweiten Weltkrieg weitgehend unversehrt geblieben, wendeten engagierte Augsburger Bürger in den 1960er Jahren den Einbezug des Zeughauses in das benachbarte Kaufhaus ab. In der toskanischen Säulenhalle des heute als Kultur- und Begegnungszentrum genutzten Zeughauses werden wechselnde Ausstellungen gezeigt. Seit der sanierungsbedingten Schließung der Dominikanerkirche beherbergt das Zeughaus vorübergehend die Ausstellung »Römerlager – Das römische Augsburg in Kisten« (Di–So 10–17 Uhr).

BELLI
INSTRV
MENTO

Augsburg an einem Tag. Ein Stadtrundgang
Herausgegeben von Mark Lehmstedt

Text: Michael Schulze
Lektorat: Kristina Schulze/Lehmstedt Verlag
Karte: OpenStreetMap-Mitwirkende, geodressing.de
Fotos: Michael Schulze, außer: Elke Zorn (S. 3, 5, 6, 9, 13, 24, 25 u., 26, 27, 29 u., 31), B. O'Kane/Alamy Stock Foto (S. 18), Jörgens.mi/CC BY-SA 3.0 (S. 21), Marc Brandner (S. 22), Westend61 GmbH/Alamy Stock Foto (S. 47), Verlagsarchiv
Gestaltung: Mareike Bardenhagen/Lehmstedt Verlag
Druck: druckhaus köthen GmbH & Co. KG, Köthen (Anhalt)

Umschlag:
1: Ev. Ulrichskirche und St. Ulrich und Afra
2: Augustusbrunnen am Rathausplatz
3: Stadtansicht von 1493 aus der Schedelschen Weltchronik
4: Maximilianstraße mit Rathaus und Perlachturm, um 1900
5: Dom
6: Fuggerwappen an den Fuggerhäusern

4. aktualisierte Auflage, 2024
ISBN 978-3-942473-59-0